AF542229

27 mai 1913

VENTE

Du Mardi 27 Mai 1913

HOTEL DROUOT, SALLE N° 10

A TROIS HEURES

TABLEAUX ANCIENS

ET MODERNES

COMMISSAIRE-PRISEUR

Me HENRI BAUDOIN

Successeur de M. Paul CHEVALLIER

EXPERT

M. JULES FÉRAL

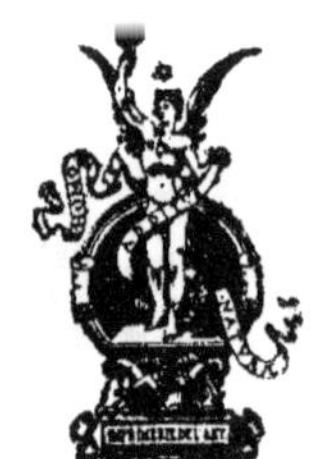

CATALOGUE

DES

Tableaux Anciens

ET MODERNES

Par :

GÉRICAULT, J. JORDAENS, E. LAMBINET, J. PILLEMENT, J. VIEN
ETC., ETC.

Dessus de Portes, par HUBERT ROBERT

DONT LA VENTE AURA LIEU A PARIS

HOTEL DROUOT, SALLE N° 10

LE MARDI 27 MAI 1913

à trois heures

COMMISSAIRE-PRISEUR

Mᵉ HENRI BAUDOIN

Successeur de M. PAUL CHEVALLIER

10, rue de la Grange-Batelière

EXPERT

M. JULES FÉRAL

7, rue Saint-Georges

PARIS

EXPOSITIONS

PARTICULIÈRE : *Le Dimanche 25 Mai 1913. . . .* } DE 2 HEURES
PUBLIQUE : *Le Lundi 26 Mai 1913. . . . . .* } A 6 HEURES

CONDITIONS DE LA VENTE

Elle sera faite au comptant.

Les acquéreurs paieront *dix pour cent* en sus des enchères.

Paris. — Imp. de l'Art, Ch. Berger, 41, rue de la Victoire

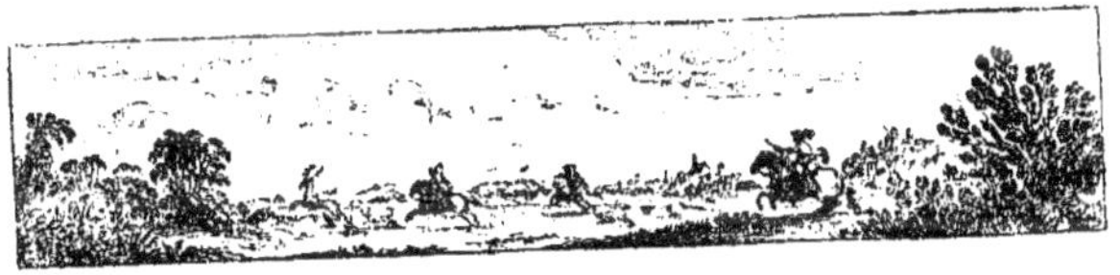

DÉSIGNATION

BRUEGHEL

(Attribué à PIERRE LE VIEUX)

1 — *La Parabole des aveugles.*

Un joueur de vielle est tombé à droite dans une rivière. Il est suivi de trois personnages.

Bois. Haut., 36 cent.; larg., 48 cent.

BRUEGHEL

(Attribué à PIERRE LE VIEUX)

2 — *Paysans dans la campagne.*

Un homme, debout au premier plan, désigne de la main droite un autre personnage monté dans un arbre.

Bois. Haut., 36 cent.; larg., 48 cent.

DE MARNE

(Attribués à JEAN-LOUIS)

(DEUX PENDANTS)

3-4 — *Bergers et animaux réunis dans des sites accidentés.*

Toiles. Haut., 26 cent.; larg., 35 cent.

DYCK

(École de VAN)

5 — *Portraits d'une Dame et d'un Gentilhomme.*

Toile. Haut., 75 cent.; larg., 74 cent.

ÉCOLE ALLEMANDE

XVIe siècle

6 — *Portrait d'Homme.*

A mi-corps, de trois quarts à droite, coiffé d'une toque noire sur ses cheveux châtains coupés courts sur le front et pendant sur les oreilles, il porte un manteau de couleur sombre au large col de fourrure et tient de ses deux mains un livre ouvert. Fond vert.

Bois. Haut., 54 cent.; larg., 42 cent.

ÉCOLE FLAMANDE

XVIIe siècle

7 — *Une Kermesse.*

Composition animée d'un grand nombre de personnages.

Toile. Haut., 96 cent.; larg., 1 m. 48 cent.

ÉCOLE FLORENTINE

XVe siècle

8 — *La Nativité.*

Dans le fond, l'Annonciation aux bergers.

Peinture rehaussée d'or.

Bois cintré dans la partie supérieure.

Haut., 96 cent.; larg., 56 cent.

ÉCOLE FRANÇAISE

XVIe siècle

9 — *Portrait d'une Dame.*

Elle est représentée à mi-corps, de trois quarts à gauche, dans un paysage, la tête couverte d'une coiffe noire, un vêtement de même couleur couvrant sa robe aux manches rouges, qui apparaissent sous des larges revers de fourrure. De la main droite, elle tient un fanion, et, de l'autre main, un bouquet de fleurs des champs; elle porte une chaîne d'or autour de la taille, et un bijou d'orfèvrerie pendant sur la poitrine.

On remarque à droite un dé à jouer et une fleur de chardon posés sur un arbre en monogramme.

Ce tableau peint sur bois a été transposé sur toile.

Haut., 46 cent.; larg., 35 cent.

ÉCOLE FRANÇAISE

[illegible]

10 — *La Jeune Mère.*

Une jeune mère est assise dans un intérieur, allaitant un nouveau-né qu'elle porte sur ses genoux. Les cheveux bruns, les yeux baissés, coiffée d'un fichu blanc noué sous le menton, elle est vêtue d'un corsage rouge décolleté ; une couverture de laine est posée sur ses genoux. Dans le fond, un rideau vert est relevé sur une muraille.

Toile. Haut., 44 cent.; larg., 35 cent.

ÉCOLE FRANÇAISE

XVIIIe siècle

11 — *Portrait de Jeune Femme.*

Assise sur un canapé, le bras droit accoudé sur un coussin vert, les cheveux châtains bouclés, serrés sur la tête par un ruban rouge, elle porte une robe de soie mordorée, décolletée, et un fichu de gaze croisé sur la poitrine. Elle est vue à mi-corps, presque de face.

Derrière la toile, on lit une inscription manuscrite : *Mme de Constart de Villiers.*

Toile de forme ovale.

Haut., 90 cent. ; larg., 70 cent.

ÉCOLE FRANÇAISE

XVIIIe siècle

12 — *Portrait de Femme.*

Elle est représentée à mi-corps, tournée de trois quarts vers la droite, le visage souriant au spectateur, les bras croisés et appuyés sur une urne figurant une source. Les cheveux poudrés, ornés de perles et de fleurs des champs, la poitrine découverte, elle porte une draperie couleur gorge de pigeon autour de sa robe de mousseline blanche rayée.

Toile. Haut., 30 cent.; larg., 63 cent.

ÉCOLE HOLLANDAISE

XVIIe siècle

13 — *L'Indiscret.*

Une jeune femme, vêtue d'une robe jaune et coiffée d'un fichu blanc, écrit une lettre, assise dans un intérieur, devant une fenêtre. Un gentilhomme, son chapeau sous le bras, se présente à droite derrière elle, et regarde clandestinement ce qu'elle écrit.

A gauche, un violoncelle est appuyé contre une chaise devant un rideau vert.

Bois. Haut., 45 cent.; larg., 36 cent.

GÉRICAULT

(JEAN-LOUIS-ANDRÉ THÉODORE)

Rou[illegible]

14 — *Officiez de chasseurs de la Garde impériale à cheval, chargeant.*

Le cheval gris pommelé, vu par la croupe, se cabre, tandis que son cavalier, le sabre à la main, se retourne vers la gauche.

Esquisse du grand tableau, mentionné dans l'ouvrage de M. Clément sur Géricault.

Toile. Haut., 53 cent.; larg., 40 cent.

JORDAENS

(JACOB)

Anvers, 1593-1678

15 — *L'Heureuse Famille.*

Une jeune femme est assise à droite dans un fauteuil, les épaules couvertes d'un manteau rouge. Elle porte un enfant blond, debout sur ses genoux et recevant un oiseau qui vient de s'échapper d'une cage d'osier, que lui offre un autre enfant vu de dos et à mi-corps, au premier plan. A gauche, un vieillard debout, couvert d'un manteau gris sur sa robe bleue et tenant un grand livre, et une femme coiffée d'un bonnet rayé. A droite, derrière la jeune mère, un homme âgé à longue barbe brune, le visage appuyé sur la main, est accoudé sur le dossier du fauteuil. Sur le fond, un rideau rouge est relevé sur une colonne.

Ciel nuageux, éclairé des derniers rayons du soleil couchant.

Toile. Haut., 1 m. 16 cent.; larg., 1 m. 53 cent.

Collection de la Marquise de Louvencourt.
Vente du 24 avril 1907. N° 20.

LAMBINET

(ÉMILE)

Versailles, 1815-1878

16 — ***Bords de rivière.***

Un pêcheur en blouse bleue, debout à droite dans les roseaux, tient une ligne.

Signé et daté 1875

Toile. Haut., 30 cent.; larg., 45 cent.

LAMPI

(Attribué à)

17 — ***Portrait de l'Impératrice Maria Fédorowna.***

Vue à mi-corps, accoudée sur un coussin rouge, elle porte dans ses cheveux bouclés et poudrés un diadème et des chaînes de perles. Elle est vêtue d'une robe blanche, avec une veste violette, parée de perles, de bijoux d'orfèvrerie et des ordres impériaux.

Toile. Haut., 80 cent.; larg., 56 cent.

LE PRINCE

(A. XAVIER)

Paris, 1799-1826

18 — *Le Bac.*

Deux villageoises et un petit garçon, suivis d'un chien s'embarquent au bord d'une rivière. A gauche, un chemin tourne sur la rive entre des monticules de sable. Deux chevaux de trait montent vers un village, dont les constructions sont enveloppées d'un rayon de soleil. A droite et vers le fond, la rivière coule dans une vallée boisée sous un ciel nuageux.

Signé à droite et daté : *1820*.

Bois. Haut., 16 cent. ; larg., 24 cent.

MIEREVELD

(Attribué à MICHIEL JANSZ)

19 — *Portrait de la dame Van der Heer, de Delft.*

Coiffée d'un bonnet de lingerie, une fraise rigide autour du cou, vêtue d'un manteau vert bordé de fourrure, elle est représentée à mi-corps, tournée vers la gauche.

Sur le fond, un écusson et l'inscription :

Aetatis 78 Anno 1632.

Panneau. Haut., 68 cent.; larg., 55 cent.

Cadre en bois sculpté.

PERINO DEL VAGA

(Attribué à BUONACCORSI, dit)

20 — *Portrait d'un Cardinal.*

Assis de trois quarts à gauche, le visage presque de face et vu jusqu'à mi-corps, coiffé de la barrette, d'où s'échappent ses cheveux bruns, la barbe courte, il porte, sur un surplis de mousseline, le camail rouge.

Bois. Haut., 76 cent.; larg., 61 cent.

Ce tableau est à rapprocher du portrait d'un cardinal, par Raphaël, qui se trouve au Musée du Prado, à Madrid.

PILLLEMENT

(JEAN)

Lyon, 1727-1808

21 — *Paysage accidenté.*

Une route dominant une vallée est suivie par des bergers et leurs troupeaux. A gauche, sur un rocher, une construction en ruines entourée d'arbres.

Cuivre. Haut., 30 cent.; larg., 40 cent.

RIGAUD

(Attribué à HYACINTHE)

22 — *Buste d'Homme.*

Tourné de trois quarts vers la droite, les yeux bruns fixés sur le spectateur, il porte sur la tête un fichu de soie ; le vêtement noir ouvert sur le col est légèrement esquissé.

Toile. Haut., 61 cent.; larg., 42 cent.

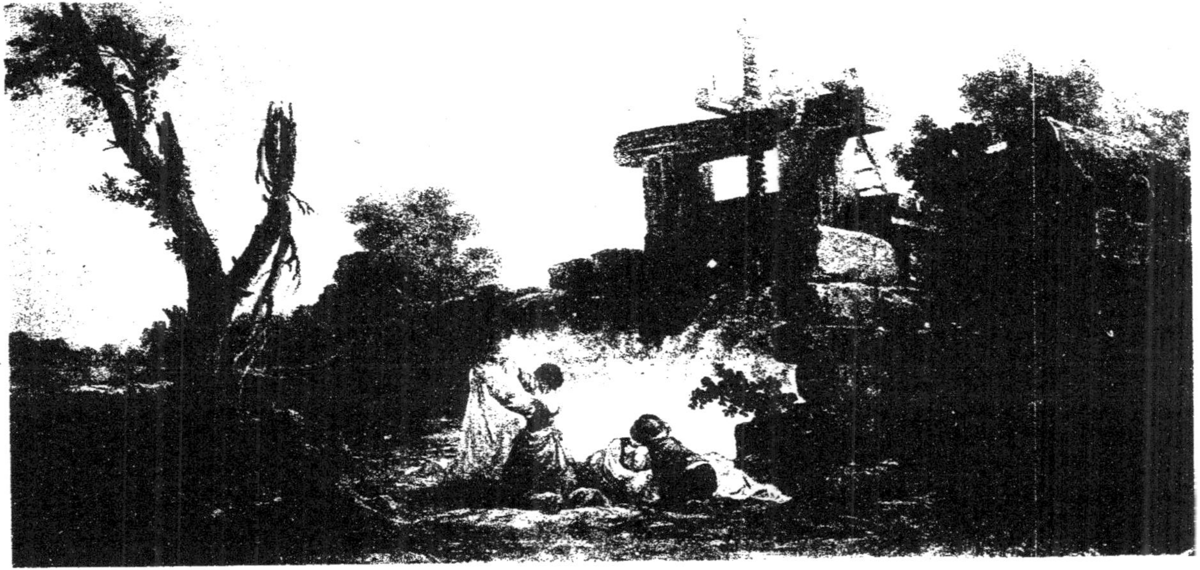

23

HÉLIO LÉON MAROTTE

PILLLEMENT

(JEAN)

(Lyon, [illegible])

21 — *Paysage accidenté.*

Une route dominant une vallée est suivie par [illegible] et leurs trou[illegible] gauche, sur un rocher, une construction en ruines entourée d'arbres.

Cuivre. Haut., [illegible] cent.; larg., [illegible] cent.

RIGAUD

(Attribué à HYACINTHE)

22 — *Buste d'Homme.*

Tourné de trois quarts vers la droite, les yeux bruns fixés sur le spectateur, il porte sur la tête un fichu de soie ; le vêtement noir ouvert sur le col est légèrement esquissé.

Toile. Haut., 61 cent.; larg., 42 cent.

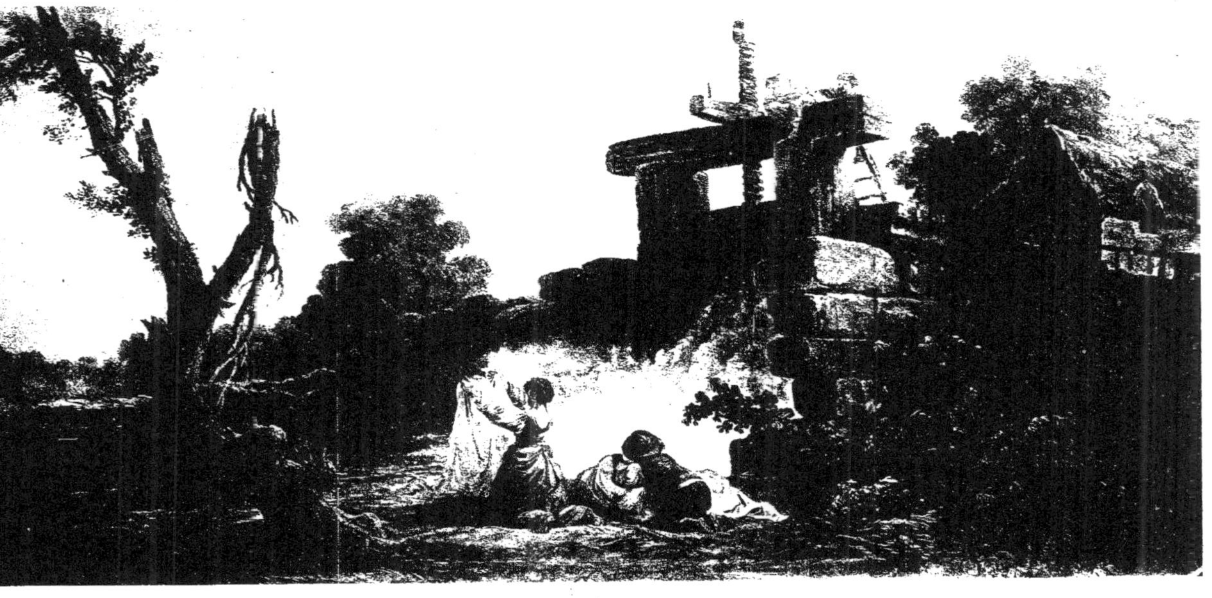

23

HÉLIO LÉON MAROTTE

ROBERT

(HUBERT)

Paris, 1733-1808

(PENDANT DU SUIVANT)

23 — *La Vanne.*

Une vanne est ouverte à droite entre deux murailles, laissant couler les flots écumants d'un cours d'eau. Au premier plan, sur une rive, une villageoise en robe bleue, vue presque de dos, est agenouillée, lavant du linge; un petit garçon en culotte rouge, veste brune, chapeau de feutre, est accroupi à côté d'elle sur un paquet de linge. A droite, deux enfants sont montés à l'aide d'une échelle sur les traverses de bois de la vanne. Plus loin, une construction rustique est couverte de chaume. A gauche, au delà d'un mur bas qui borde la rivière, on aperçoit des montagnes et des arbres.

Toile. Haut., 76 cent.; larg., 1 m. 54 cent.

ROBERT

(HUBERT)

(PENDANT DU PRÉCÉDENT)

24 *Le Viaduc.*

Un viaduc de pierre en partie ruiné est soutenu par deux arches sur une large rivière. Une jeune mère, en robe rouge relevée sur un jupon bleu, se promène à gauche sur une berge. Elle porte un enfant dans ses bras, un autre s'est jeté par terre, et une fillette suit. A droite, sur la rivière, un homme rame dans une barque. Dans le lointain, on aperçoit un temple circulaire qui s'élève au bord de l'eau dans un site boisé, fermé à l'horizon par une chaîne de collines. Sur le viaduc, on remarque deux personnages appuyés au parapet. A gauche, vers le fond, des peupliers.

Toile. Haut., 78 cent.; larg., 1 m. 55 cent.

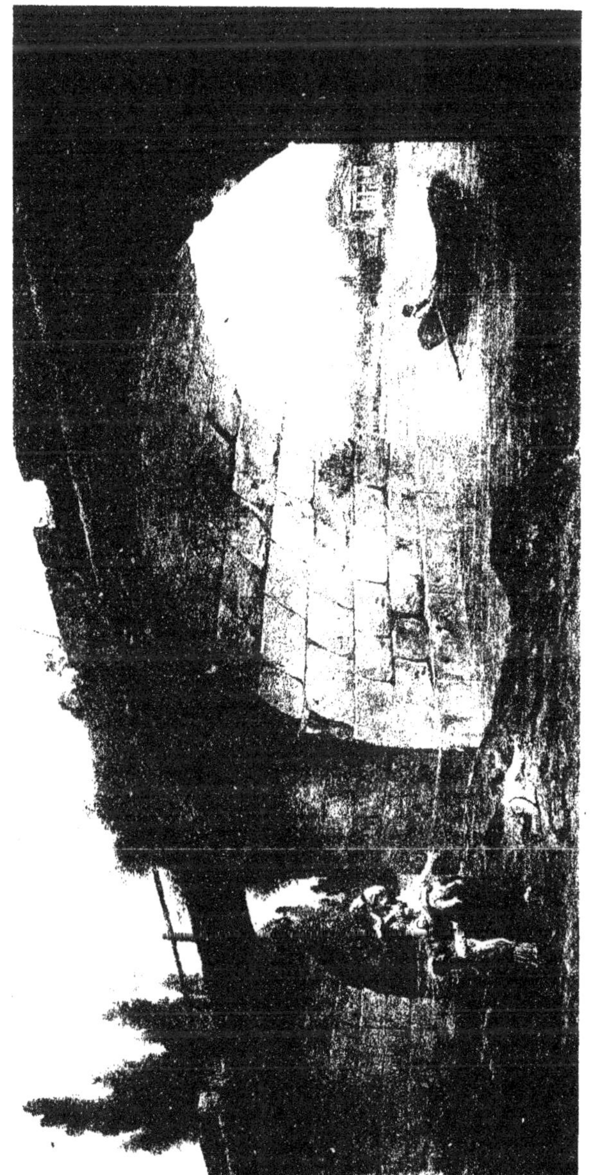

ROBERT

(HUBERT)

(PENDANT DU PRÉCÉDENT)

24 — *Le Viaduc.*

Un viaduc de pierre en partie ruiné, est soutenu par deux arches sur une large rivière. Une jeune mère, en robe rouge relevée sur un jupon bleu, se promène à gauche sur une berge. Elle porte un enfant dans ses bras, un autre s'est jeté par terre, et une fillette suit. A droite, sur la rivière, un homme rame dans une barque. Dans le lointain, on aperçoit un temple circulaire qui s'élève au bord de l'eau dans un site boisé, fermé à l'horizon par une chaine de collines. Sur le viaduc, on remarque deux personnages appuyés au parapet. A gauche, vers le fond, des peupliers.

Toile. Haut., 78 cent.; larg., 1 m. 55 cent.

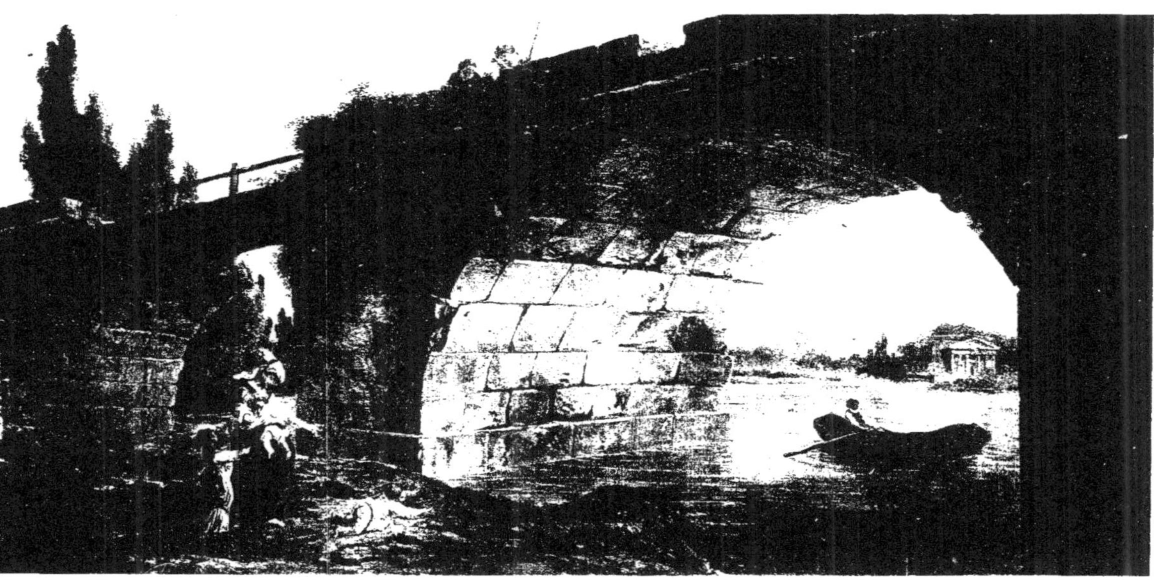

24

ROBERT
(HUBERT)

25 — *Bergers et animaux dans les rochers.*

Un berger en veste rouge, coiffé d'un large chapeau de feutre, accompagné d'un petit garçon qui porte un gilet bleu, s'est engagé dans un cours d'eau qui coule à droite entre deux rochers et pousse devant lui une vache blanche. Vers le centre, un chien aboie sur une route qui monte vers le fond de la composition où l'on remarque trois personnages.

Toile. Haut., 72 cent.; larg., 1 m. 14 cent.

Cadre en bois sculpté.

ROSA

(SALVATOR)

Renella, 1615-1673

(DEUX PENDANTS)

26-27 — *Sites d'Italie.*

Des pêcheurs sont arrêtés au bord de la mer, où l'on remarque des rochers, une tour, des bateaux et les constructions d'un port.

Toiles. Haut., 24 cent.; larg., 44 cent.

VIEN

(JOSEPH-MARIE)

Montpellier, 1716-1809

28 — *Léda.*

Elle est assise au bord du fleuve Eurotas, une draperie bleue autour d'elle. Les cheveux blonds serrés sur la tête par un ruban rose et pendant sur l'épaule, le haut du corps incliné sur la droite, un pied baignant dans l'eau, elle caresse le cygne de la main gauche.

Toile. Haut., 1 m. 31 cent.; larg., 1 m. 66 cent.

Cadre en bois sculpté.

WEENIX

(Attribué à JEAN-BAPTISTE)

29 — *Gibier et objets divers réunis sur une table.*

Toile. Haut., 1 m. 02 cent.; larg., 85 cent.

Cadre en bois sculpté.

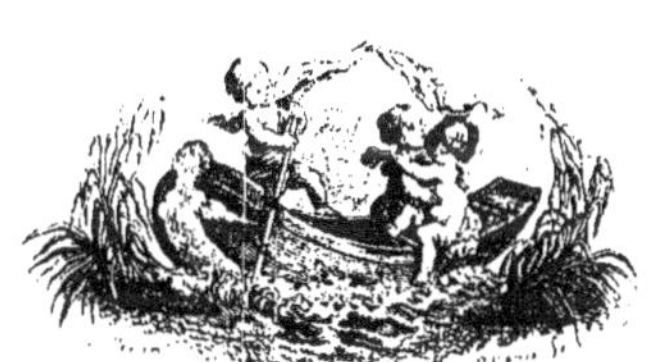

www.ingramcontent.com/pod-product-compliance
Lightning Source LLC
LaVergne TN
LVHW010010230826
846092LV00002B/748
* 9 7 8 2 3 2 9 5 8 5 6 2 8 *